Iroko
sussurros de memória, versos de rebeldia

Jonathan Raymundo

Iroko
sussurros de memória, versos de rebeldia

Todos os direitos desta edição reservados à Malê Editora e Produtora Cultural Ltda.
Direção: Francisco Jorge & Vagner Amaro

Iroko: sussurros de memória, versos de rebeldia
ISBN: 978-85-92736-79-8
Edição: Vagner Amaro
Ilustração de capa: Tay Ruts
Capa: Dandarra Santana
Diagramação: Maristela Meneghetti
Revisão: Geisiane Alves

Texto revisado segundo o novo Acordo Ortográfico da Língua Portuguesa.
Proibida a reprodução, no todo, ou em parte, através de quaisquer meios.

Dados internacionais de catalogação na publicação (CIP)
Vagner Amaro – Bibliotecário - CRB-7/5224

```
R263i    Jonathan Raymundo
              Iroko: sussurros de memória, versos de rebel-
         dia. — 1. ed. — Rio de Janeiro : Malê, 2023.
              116 p.

              ISBN 978-85-92736-79-8

              1. Poesia brasileira I. Título.
                                              CDD B869.1
```

Índices para catálogo sistemático: 1. Literatura: poesia brasileira B869.1

Editora Malê
Rua Acre, 83, sala 202, Centro. Rio de Janeiro (RJ)
www.editoramale.com.br
contato@editoramale.com.br

Sumário

Prefácio 9
Deusa negra 13
Os tempos que me trazem 15
Testemunhos 17
As mãos da minha avó 19
Coisa de preto 21
Quando me descobri 23
Iguaria nacional 27
23 minutos 29
Caneta de cão 31
Esqueça! 33
Ninguém 35
No dia em que estive com Zumbi 37
Para Conceição 39
Corporeidade 41
Trans 43
Assinatura 45
Saudades colonial 47
Desejos 49
Liberdade assistida 51

Aos berros	53
Nossa transa	55
Vigora	57
Um beijo	59
Revelações	61
O dia	63
Gotas de sol sobre a terra: um canto de amor	65
Descanse em mim	67
Eu vi Marielle	69
Maré	71
Oração	73
Racismo religioso em nome de Deus	75
Conivência	77
À flor de qual pele?	79
Carta de amor que ainda não escrevi	81
Enquanto chove	83
O que foi?	85
Desertando	87
Matéria	89
Quando...	91
Perto do fim	93
Mpbeniando	95
Jeri	97
Da amizade	99
Não é que vem "Elis"	101
Insistir em nós	103
Sou	105
Cartas de amor para quando amar	107

No pé do seu ouvido 109
Se fosse Deus 111
Acorda 113
Aos ancestrais 115

Prefácio

Quem lê poesia nos dias de hoje? Essa é a pergunta que me faço quando termino de ler este livro. E, calma, amigo leitor, não é uma pergunta classista ou preconceituosa. Sou eu um amante da poesia e até produtor delas. Divido esse predicado com o autor deste livro. Minha pergunta também não é uma reclamação da qualidade do que aqui está escrito. Você nem precisa acreditar em mim, contudo, ao ler as páginas vindouras, perceberá o quão bom é ler poesias e, especificamente, estas poesias.

Minha pergunta, um tanto quanto retórica até, vem numa reflexão sobre o mundo que vivemos. Esse mundo acelerado, e que se diz dinâmico, parece não ter tempo para livros. Uma sociedade multifocal não pode se debruçar em cima de um apanhado de folhas e concentrar toda sua energia daquele momento só numa leitura. Poderia estar fazendo no mínimo três outras atividades ao mesmo tempo. Só que com o livro não. O livro demanda silêncio, requer um encontro com o que mais incomoda neste século, com o nosso interior. Desacelerar, ler com calma, compreender, não apenas ler por ler, sentir com os olhos e focar apenas num ponto de cada vez da página. Coisas que chegam a dar arrepios para a galera mais "intensa". Parece perda de tempo, não é?

Indo mais longe, gastar seus vitais minutos em um livro do gênero poético dá uma impressão de que não é algo que se faça no século XXI. Poesia é ultrapassada, poesia não tem carisma, poesia é coisa de velho. Tudo isso passa frequentemente na cabeça das pessoas. E até faz um pouco de sentido, confesso. Entretanto, é aí que nossa conversa começa de verdade. Ao ler este livro, tenho certeza de que você entenderá por que a poesia ainda é algo imprescindível à sociedade, e vale a pena se debruçar em uma forma de escrita tão antiga e peculiar. E, acima de tudo, compreenderá por que o livro é um hobby ainda egoísta ao ponto de não conseguir dividir as atenções com nenhuma outra atividade.

Ler poesia é enxergar o interior do autor. Não há nada mais íntimo e interno que a poesia de um escritor. Há autores que demoram anos para terem coragem de expor o seu lado poético, preferem escrever outros tipos de textos, em que conseguem camuflar melhor seus interiores. Então, quando estiver lendo as próximas páginas, saiba que estará lendo Jonathan Raymundo. E que honra é este ato. Jonathan é ímpar! Eu, como amigo, sou suspeito para falar, por isso prefiro apenas deixar que você leia e tire suas próprias conclusões. Porém, há algo que me chamou a atenção, apesar de o conhecer tão bem. Há poesias aqui de um Jonathan que não aparecem tanto em público. Algumas demonstram raiva; outras, polêmicas; e outras, uma dose de amor maior que o oceano. Sem dúvida, este livro carrega vísceras, nos mostra um autor que, por amor à arte, se colocou nu perante seu público e foi rei de seu próprio querer. Que a gente saiba degustar esta oportunidade.

É por isso que poesia precisa de foco. Você está entrando num universo único, nunca descoberto antes, talvez nem mesmo pelo autor. Prepare-se para mergulhar num lugar desconhecido e, aos poucos, ir interpretando, sentindo não só com os olhos, mas com seu corpo e sua alma, a conexão do escritor com o mundo. Costumo dizer que a beleza da arte está em aproximar almas, construir pontes entre pessoas que nem se conhecem e que, ao ler um texto aqui, poderão se sentir pertencentes ao mesmo mundo, compartilhar vivências e sentimentos parecidos e se sentir amigos íntimos do autor. Essa mágica é incrível, e é a isso que o(a) convido.

Por outro lado, este livro tem claramente uma função social, um direcionamento preciso, um grito bem definido de liberdade. É um livro que, ao falar do interior, transborda exterioridades. Porque Jonathan é um ser imerso numa sociedade racista que precisa ser deflagrada. E isso é muito bem-feito pelo autor. Seu âmago tem marcas das agruras que passou, da revolta que tem ao ver os seus sofrerem, das dores pela impunidade de seu algoz.

Jonathan Raymundo tem algo a dizer para o mundo. Isso é muito evidente. Um grito do negro que nunca mais se calará. O amadurecimento de um corpo negro que vai se conhecendo no decorrer da juventude, que vai sentindo o peso de ser negro no Brasil e que se cansa do status quo vigente. Que nos ensina que "coisa de preto é manter-se grande diante de quem mata, é, se precisar, ameaçar com canhão pelo fim da chibata". Ou quando se apresenta de forma magistral em sua poesia "Assinatura" e diz:

>Nunca deixei de usar a minha fala
>Quando esta era gaga
>Não autorizei ninguém a falar por mim
>Não deixaria agora que falo como raio!
>Assumi minha fala defeituosa
>Era minha.
>Era minha presença no mundo!
>[...]
>Se em tudo há riscos
>Que sejam meus próprios perigos.

Esse Jonathan carrega ancestralidades, leva consigo os grandes nomes de negros e negras que passaram por esta Terra. Reflete o amor das matriarcas, como sua avó, que regeram a família e suportaram o peso do tempo em suas costas. Sem dúvidas, este livro é um manifesto da sua existência. Tem peso, mas tem a leveza de sua alma; tem devir, bem como tem o seu próprio querer se impondo. Peça fundamental de uma literatura que deve se fazer presente no cotidiano brasileiro, ler este livro vai trazer uma explosão de sentimentos em cada um.

Crie um tempo especial para saborear toda essa multiplicidade de gostos que aqui estão. Não tenha pressa. Deixe seu corpo reagir ao que está lendo. Perca-se entre memórias suas que, talvez, tenham se entrelaçado às do autor. Ouça o som retumbante do chamado ao homem negro. Sinta no coração e na pele o amor vindo das poesias românticas.

Tenha certeza de que eu não consegui expor metade do que há no interior destas páginas. Tudo que eu desejo é que você consiga se conectar e tenha suas próprias experiências. Que a arte o(a) toque da forma que o acaso permitir.

Rafael Imbroinisio

Deusa negra

Deus é uma mulher negra, eu sei porque vi
Seu sangue são vibrações de tambor
Seus olhos, lamentos de mães de filho assassinado
Eu sei, eu vi
Ela, Deus, falou comigo
Sua voz é rouca e orgulhosa, como a de Yalorixá
Como Mãe Beata de Yemanjá declamando poema
Como Elza denunciando esse esquema
Sabe? Uma voz feita de eternidades
Seus pés, ao caminhar, fazem samba nascer do chão
Suas mãos são enrugadas como Baobás negros
Os braços são feitos de homens negros
Eu sei, porque vi
Vi meu pai a contornar seus ombros
Sua pele é feita de terra quando encontra rio
É uma pele farta, como os peitos fartos da mãe *Afrika*
Suas orelhas são feitas de além-mar
Feita de saudades, e saudades tem cor de sol
Seu coração dá para ver além da terra que é sua pele
Seu coração é feito de muitos, muitos corpos
Corpos que tombaram à força de açoite
Corpos fugidos correndo mata adentro

Corpos ousados gingando orgulho
Seu coração é feito de povo
E pulsa gestos de libertação

Os tempos que me trazem

Olhaste aqueles olhos frios?
Sentiste o peso do tempo?
Eu vivo com isso no todo
Nada por aqui é só presente
Tudo é tempo! Tempo! Tempo!
Aquele gesto simples já foi e é necessário
Aquele movimento já foi e é ousadia
Aprende uma coisa, ouve-me por um instante
Quando o extermínio está em andamento
Rir, dançar, abraçar, amar é resistência!
Vê aquele pobre negro num papelão
Vê aquele negro sem blusa no chão da prisão
Vê aquele negro perambulando doido, triste
Então, sou eu, é meu pai, é meu irmão, é Zumbi!
Tempo! Tempo! Tempo... tempo...
Tudo no nosso povo é tempo!
Já te avisei, moço.
Ando devagar, e reclamas, eu entendo
Mas tenta compreender, meus pés arrastam correntes
Trago comigo como fonte o meu povo!
Sabes a diferenças entre ancestralidade e antepassados?
O tempo

Novamente o peso do tempo.
Um tempo que não passa
Um tempo que é ontem, hoje, amanhã
Um tempo que sempre gesta uma liberdade que sangra
E que novamente insiste em viver
Olhaste aqueles olhos frios?
É o olhar de Dandara antes de suicidar-se!

Testemunhos

Não sei se ouviram
As terras deste lugar lacrimejam tempo
Não sei se viram
As folhas entoam cânticos
É preciso estar espiritualmente conectado com o tempo
Tudo no negro é tempo
Tempo e conexão
Entre essas árvores se ouviu o sussurrar da liberdade
Em um tempo em que ela sangrava cor
Nos tempos atuais ainda sangram
Está nos jornais, nos cartazes o preço da carne.
Vocês não estão vendo?
Mas onde estarão erguidos os quilombos?
Para onde o nosso povo poderá fugir?
O que as árvores sussurraram sobre nós?
O tempo.
Tudo é tempo
Cultuar os ancestrais é viver de um jeito em que
A terra, o vento, a árvore, o rio cantarão nossos feitos
O que a Terra tem para dizer sobre os seus passos?
As pedras deste lugar viram meus ancestrais não se curvarem
As pedras viram mulheres e homens livres

O tempo
Abram os ouvidos
A fome berra
Não ouvem?
O vento traz o medo das mulheres
As estrelas testemunham a violência contra os povos originários
A floresta vê
O mato sabe
É tudo sobre tempo
Tudo sobre o agora
Tudo em nossas mãos

As mãos da minha avó

As mãos da minha avó têm marcas de queimaduras
As tiveram jovem quando precisou pôr fogo em lenha
Para fazer angu para um batalhão.
As mãos da minha avó têm novas marcas de queimaduras deixadas por fogão
Ou pelas velas que acende aos seus Orixás
Para pedir proteção pra mim
As mãos da minha avó já secaram lágrimas de encher rios
As mãos da minha avó já presentearam a Dona dos Rios
As mãos da minha avó já fizeram tanto carinho
As mãos da minha avó já precisaram ser touro, pantera feroz
Às vezes, ainda hoje são essas mãos que separam brigas sem fim
São essas mãos que precisam ir na cara para ver se tomam jeito
As mãos da minha avó já alimentaram uma multidão
Ainda a alimentam
Eram essas mãos que matavam o porco
Pegavam o sangue para dar pra criançada beber
Dava sustância
Eram tão magrinhas, mas bem-cuidadas
As mãos estavam lá
Alimentaram nove filhos sem as outras mãos que os fizeram junto
As mãos da minha avó trabalharam em hospital

Em casa de família
Quantas roupas lavaram?
As mãos da minha avó sempre balançam quando toca um samba
Vão até a cintura
Já viram? Deveriam ver
As mãos da minha avó, às vezes, de tão alegres batem em pandeiro
Batem em mesa enquanto seus olhos dançam
E sua voz faz um novo samba
As mãos da minha avó já amassaram tantas ervas de curar.
As mãos da minha avó são grossas e bonitas
Suas unhas sempre feitas
As mãos da minha avó são tão carinhosas e gentis
Como poesia nascida em final de tarde
As mãos da minha avó são pesadas
Carregaram muitos, muitos, muitos
Precisou delas para se defender e atacar.
As mãos da minha avó sempre encontram as minhas
É nelas que levo meus lábios para pedir sua bênção
São fartas, têm cheiro de comida
E algumas vezes, cheiro de incenso.
As mãos da minha avó guardam tanta eternidade
Tantas histórias tristes e felizes
As mãos da minha avó são tesouros que possuo
As mãos da minha avó se juntam por mim
Enquanto sua boca sussurra meu nome no ouvido de Deus

Coisa de preto

Coisa de preto é a bruxaria contida em um conto de Machado de Assis
Um samba escrito pela caneta de Mauro Diniz
Coisa de preto é a poesia de Cartola
Os dedos a bailar sobre o violão de Paulinho da Viola
Ah, só podiam ser pretos – Romário, Imperador, Ronaldinho.
Responder ao racismo com "Lamentos" em forma de chorinho
Pixinguinha, rei feito de matéria escura
Luiz Gama, autodidata, nobre senhor da soltura
Coisa de preto é manter-se grande diante de quem mata
É, se preciso, ameaçar com canhão pelo fim da chibata.
Coisa de preto é viver com alegria
Inventar a matemática, arquitetura, medicina, agricultura e filosofia
Ser parte da primeira civilização
Ser senhor do blues, do samba, do reggae, do pop, do soul, do jazz
Ter um mundo racista curvado aos seus pés
Pelé, Abdias, Martinho da Vila, Elza Soares
Coisa de preto é Dandara mandando racista pelos ares
Lembra Palmares?
Respeite e pise devagar na ponta do pé
Coisa de preto é a beleza da casa de candomblé
Coisa de preto é fazer deuses sobreviverem em navio cruel

É manter amor a Terra diante de um povo que a desdenha pelo céu
Coisa de preta é Jovelina partideira
Milton, Djavan, Tim, Alcione e Candeia
Yurugu, veja a noite e fique atento
É preta a dona Senhora do Vento
Fique em silêncio e ouvindo
Pois é coisa de preto
branco pendurado pelo pescoço na Revolta de São Domingos

Poesia escrita em resposta às palavras racistas do jornalista William Waack, que se referiu pejorativamente ao reclamar das buzinas antes da transmissão do Jornal da Globo. Dentre outras coisas, disse: "É preto, é coisa de preto.

Quando me descobri

Um dia aprendi que tinha corpo
Foi quando, nem lembro, bati com o braço na parede
Chorei pela primeira vez sabendo que chorava
Difícil foi me equilibrar
Medi a distância entre a vontade e o brinquedo
Cabeça doeu parede, doeu quina, doeu chão
Descobri o que era de fato xixi quando o fiz aos 11 anos na casa de um primo
Burburinho
Ouvi pela primeira vez a palavra grande
Grande dizendo grande como se entende no mundo dos grandes
O grande não pode fazer xixi por aí
Não pode chorar por aí
Chorar colo de mãe, chorar fome, chorar sono
Grande não pode
Tem que se comportar como grande
Bruna, uma colega da rua, até hoje tinha marca na testa
Pedro até hoje fazia xixi na cama
Paulo até hoje era bebê da mamãe
O que nunca ninguém me disse
Era que eu não tinha um corpo como o deles
Aprendi num dia de sol

Quando uma amiga ouviu da mãe que não era para brincar com garotos iguais a mim
Quando ouvi a primeira vez que era sujo
Juro que tinha tomado banho
Juro
Mas ouvi
Não entendi
Entendo agora que limpo sou sujo
Foi quando descobri que não tinha um corpo
Tinha um corpo preto
Nunca mais foi igual
Nunca foi mesmo igual
Aprendi que:
Um corpo preto não pode usar capuz
Um corpo preto tem que sorrir sempre
Nunca fazer movimentos bruscos
Um corpo negro precisa abaixar sempre a cabeça ao cruzar com estranhos
Precisa nunca olhar nos olhos
Precisa documentos em mãos
Precisa não ser igual aos outros de sua idade
Precisa estudar mais e ter menos
Precisa provar que é, o que sempre foi
Um corpo negro dizem que demora para envelhecer
Até hoje não sei se isso tem a ver com o jeito abobalhado que sempre me trataram
Hoje grande, sem fazer xixi na cama e sem esbarrar quando ando por aí
O que ainda nunca aprendi é ser preto

Parece que nunca se aprende
Parece que para quem tem corpo preto
As quinas, os chãos sempre se movem
Sempre encontram sua testa
Os braços sempre batem
Batem num mundo que sempre nos faz chorar
Não chorar assim com peito aberto
Mas chorar aqui dentro
Onde ninguém vê nem lágrima, nem careta
Onde ninguém quer acreditar que há lágrimas
Hoje eu aprendi de novo a chorar
Choro sempre sabendo que estou chorando.
Choro até mesmo quando pareço sorrir

Iguaria nacional

Vi de cima certa vez o mundo
Era uma grande fazenda
Cercada por pequenos e luxuosos restaurantes
A carne preparada era de gente
Gente era cozida na pobreza
Maciada e deixada pronta ao consumo
Na sua engorda, desinformação e medo
No abate, quanto mais violência, melhor
A hora mais que essencial
Rajadas de fuzil davam à carne um sabor...
Matar de doença, de miséria, de tristeza também era comum
Eram muitos corpos, um grande mercado
Havia um relógio que funcionava religiosamente
A mesa com seus pratos e facas se olhavam contentes
O relógio bateria mais 23 minutos
Era hora de servir mais um corpo
Carne preta e jovem era a especialidade da casa
Temperada ao sal de lágrimas
Os pretos cuidadosamente escolhidos
Para alimentar essa pequena nobreza
Servida cuidadosamente por garçons pretos
A carne era saboreada por toda a família

Crianças, mães, vozinhas matando a fome
Enquanto lá fora, na grande fazenda
Outro corpo preto era preparado pro abate
A cada 23 minutos um corpo preto saía da grande fornalha, que eram as favelas
Eu vi de cima o mundo.
Acreditem
Havia um relógio
Toda uma grande indústria
Reportagens televisivas garantiam o selo de qualidade
Carne de gente
Era muito barata
E a cada 23 minutos...
Famílias brancas saboreavam tranquilas a iguaria nacional:
Jovem preto abatido a bala
Temperado a lágrimas de mãe

23 *minutos*

Olha o seu relógio, passaram 23 minutos
Veja aquela fila, durou 23 minutos
Ouça essas músicas
Lá se vão 23 minutos
Primeira parte de um filme: 23 minutos
Um episódio da sua série, mais 23 minutos, mais 23 minutos
Um ato de amor e quantos 23 minutos?
Um discurso político e quantos 23 minutos?
Arrumar os filhos e 23 minutos
Horário de almoço só 23 minutos
Uma leitura sobre violência e 23 minutos
Uma reunião de oração contra a violência e quantos 23 minutos?
Uma passeata pela paz e quantos 23 minutos?
Em cada 23 minutos
23 minutos
23
Um jovem PRETO
Um PRETO
Seu filho, seu irmão, seu tio, seu amor
UM JOVEM PRETO
É MORTO NO BRASIL
Seu silêncio já tem quantos anos?

Quando postei no Facebook pela primeira vez a poesia "Deus é uma mulher negra", um senhor comentou: "quem já viu comparar Deus com Satanás, vai morrer caneta de cão". Esta poesia foi minha resposta.

Caneta de cão

Seu inferno foi nossa verdade
Seu deus nossa impossibilidade
Para os seus, o amor foi revelado
Para os meus, o sangue derramado
Seu pecado ganhou meu corpo
Meus contornos, meus movimentos, minha cor
Foi sob chicote estalando que ouvimos sobre seu deus
Você filho, e eu criatura
Criatura barata, criatura desalmada, coisa que fala
Fruto da maldição do seu deus, descrita no seu livro
Fruto do pior do mundo, fruto da sua verdade, da sua noção de milagre
A "prova" do poder do seu deus
Foi minha filha estuprada até morrer
Cansamos!
Não aceitaremos mais o seu deus nem o seu chicote
Nem suas verdades nem a sua morte
Se é o diabo que temos, então seremos diabo!
Se o inferno é nosso destino, o faremos agora
Com uma caneta de cão escrevo este futuro
Desenho os contornos da nossa liberdade
Elevo soberana a nossa "mentira"

Sua verdade não nos estuprará mais
Não nos escravizará mais
Não nos matará mais
Não nos roubará mais
Leia atento o que escreve essa caneta de cão
Para os nossos novos pecados, nova salvação!

Esqueça!

Não fale sobre isso, já passou
Esqueça os 10 milhões de congoleses mortos
Esqueça o terror na Somália
A chacina do Cabula
Esqueça a Cláudia
Ela nem era sua amiga, por que te faz chorar?
Lembrar disso faz mal a você
Esqueça Costa Barros, 111 tiros
Pare de falar sobre escravidão
Não vejo mais correntes
Empregadas domésticas agora têm férias
Viu? Todo mundo é igual
Um preto morto em cada 23 minutos?
Não pode ser.
De onde você tirou isso?
Não são cidadãos de bem
Olha, também existe branco pobre
Não são só vocês que sofrem
Esqueça isso
Esqueça os estupros, as crianças alimentando jacaré
Esqueça a frase racista do deputado federal
Esqueça as mulheres quilombolas morrendo de câncer na ilha de Maré

Esqueça as ofensas, os xingamentos, esqueça aquele olhar
O que tem o segurança te seguir?
Não ligue pra isso. Você é melhor que isso
Fale mulheres, e não mulheres negras
Fale jovens, e não jovens negros
Fale em humanos, esqueça a cor
Não há mais cor
Não há mais raça, nem racismo
23 minutos! Esqueça esse número
Esqueça poste, linchamento, violência doméstica
Esqueça a África, esqueça esses autores violentos
Esqueça o Haiti, esqueça os Malês
Esqueça. Foi sem querer, não foi bem assim
Ele disse, mas não quis dizer
Ele matou, mas foi acidental
Esqueça Rafael Braga reduzido a barata pelo Estado
Esqueça as bananas tacadas em campos de futebol
Esqueça essa minha mão em seu cabelo, esse meu olhar de nojo, esses autos de resistência
Esqueça o passado, esqueça o presente
Olha só pro que for bom, não é melhor?
Viu, estamos todos unidos
Somos todos iguais
Só depende de você
Só depende de você
Só depende de você
Esquecer
Esquecer
Esquecer

Ninguém

Das muralhas do Zimbábue
Aos revoltosos de Cariri
Da liberdade fincada no chão de Palmares
Ao gesto que pôs fim à chibata
Quem poderá evitar o nosso avanço?
As pirâmides testemunham
O soul, o blues, o rock e o samba cantam
De Nzinga a Aqualtune
De Elza Soares a Leci Brandão
Superamos cada não com excelência
Ah … a força dos nossos sonhos
Oh, poder do nosso sim
O ritmo de nossos tambores
Quem poderá evitar o nosso avanço?
Somos herdeiros de homens e mulheres virtuosos
Que fizeram retroceder o inimigo no Haiti
Somos os nobres Malês
As carnes arrebentadas no Domingo Sangrento de Selma
A terça-feira da reviravolta
A vitória ao chegar no Alabama
Nossa marcha tem milhares de almas
Ouçam o som ensurdecedor dos passos de nossos ancestrais

Somos milhares, milhares, milhares, milhares
Quem poderá evitar o nosso avanço?
Somos o sol que se ergue no horizonte
Nada pode evitar o nosso calor
Nada pode fugir a nossa luz
Ninguém pode evitar o nosso avanço!
Ninguém pode evitar o nosso avanço!
Ninguém pode evitar o nosso avanço!
Somos a cor da liberdade destinada a reinar sobre a face da terra!

No dia em que estive com Zumbi

Ah, irmão, não deite esse olhar sobre o nada
Cá estamos por ti
Nossos inimigos não podem parar o tempo
Nem vencer as árvores, nem fazer calar o vento
Já vimos esse orgulho antes
Daqui a trezentos anos ainda lembraremos esse dia que resistiu
Palmares até o final
Ainda seremos esse dia e chão, seremos você
Não chore, irmão, não podemos ser mortos
Não se pode a golpe de foice matar o Sol
Nós, os sobreviventes de Palmares, lhe saudamos, Senhor Rei
Estamos prontos para guerrear por liberdade
Levante-se, nobre guerreiro, ainda há mais um ato
Ainda é preciso voltar pra casa, dar exemplo pra eternidade do nobre sangue que carregamos
Ainda é preciso comer mais um coração inimigo
Olhe esses pobres senhores, acham que podem vencer o tempo
Acham que podem fazer curvar os primeiros homens, filhos da África
Com adarrum Ogum ainda chega à Terra
Como sempre se fez
Uma criança preta olhando pra si vê Kemet
Não tinham vencido? Não estava acabado?

Oh, meu nobre guerreiro, a eternidade é seu ato
Não está nada acabado, nada se perdeu
Olhe em meus olhos, você sou eu
Sou filho do quilombo, nascido do útero da revolta, da coragem, do amor
Vá, meu pai, seu povo respira a batida forte do seu coração, Rei Senhor
Vá cortar a garganta inimiga
Vá tornar inesquecível o sacrifício
Vá voltar pra casa, venha viver em nós
Viver em cada filho seu que não aceita nada menos que liberdade.

Para Conceição

Sobrou-te cor
Ali mesmo onde só contavam palavras.
Diziam.
Restou-te a cor
Na terra dos brancos imortais
Sabiam.
A carta que tu não enviaste
E nem poderias
Para eles deveria
Conter a renúncia da cor
Mas "a gente combinamos de não morrer"
E não há morte maior que empalidecer
Em nosso santuário as Marias e Cartolas
São louvados e talhados a corte de Machados
Nossas vozes recolhem sua majestade
Estão aos pés de Ìròkò
Nas eternidades dos tempos ancestrais
Louvados. Louvados. Louvados
Como tu és em nós
Morde as palavras
As mastiga, rasga-as em seus dentes
A justiça e a beleza seus nutrientes

E ouve
Ouve que vem entre os castelos dourados
Construídos com suor e sangue de nossa gente
A voz de nosso grande ancestral
"Porque o sambista não precisa ser membro da academia
Ao ser natural com sua poesia
O povo lhe faz imortal"

Poesia escrita como resposta à negação ao posto de Imortal na Academia Brasileira de Letras para Conceição Evaristo.

Corporeidade

Meu corpo
Estiquei-me todo pelo chão
Minhas costas encostaram no piso gelado
Meu corpo
Com ele que corri e amanheci sonolento
Corpo todo é o que sou
Sou olhar, riso, lágrimas, minha pele escura
Sou meu cabelo, minhas unhas, meu pau
Quem o corpo desdenha
Duvido fazê-lo sem corpo
Tolos!
Meu corpo
Com ele amo outro
Passei minha língua naquele calor
Rocei pernas, poemas, encantamentos
Dizem ser o sonho a prova de que há algo fora do corpo
Como se sonho não fosse cabeça, nervo e olhos fechados
Se não fosse corpo a descansar, corpo a imaginar, corpo desmanchado em poesias
Meu corpo é a história da humanidade
Todo corpo é universo
Corpo é a substância das estrelas

Todo corpo é estelar, é divino, é o todo e o particular
Com ele passeio no mundo
Meu testemunho e minha profissão de fé
Estiquei meu corpo sobre o piso gelado
Com minhas mãos acariciei a mim mesmo
É bom ter corpo, meu corpo, meu templo
Meu castelo
Eu todo
Eu tudo

Trans

É porque não cabe
Não é tanto para ter cabimento
A vida
É tanto de transbordamento
E o poder fabrica pote de caber gente
Mas gente não é de caber em nada
O corpo transversa os limites dos nomes
O corpo empurra os limites da alma
Alma que desde pequena acham que é pedra
Para lapidar leis
Não gozarás! Não amarás! Não viverás!
Mares são atravessados com força de perna
Corpo a gerir o milagre do novo.
Corpo vivo, vivo em transbordamento
Gente fez palavra, e não o oposto
Não nos venha prender a vida em letras velhas
Não nos venha perder a vida
Vós que pareceis vivos
Não há cabimento possível ao desejo
Corpo sem asa danou-se a voar em ferro
Gravidade dobrou-se ao engenho do corpo
Corpo divino sempre a criar, criar, criar

Vida é para transbordar em possibilidades de vida
Amor virou lei de castigar o corpo
Corpo sobrevive a castigo e ama e ama e ama
Corpo não cabe em castigos!

Assinatura

Assino-me por inteiro
Inteiramente sou eu
Nenhum outro me guia
Não que não aprenda
Não que não ouça
Mas esclareço: são meus ouvidos!
Meus ouvidos que ouvem!
Meus entendimentos que compreendem!
Nunca deixei de utilizar meu corpo
Quando este era magrelo e fraco
Meu corpo surrando e apanhando
Assumido! Sem desculpas!
Nunca deixei de usar a minha fala
Quando esta era gaga
Não autorizei ninguém a falar por mim
Não deixaria agora que falo como raio!
Assumi minha fala defeituosa
Era minha
Era minha presença no mundo!
Com meus pés piso na vida
Firmes ou trêmulos, são meus pés
Ninguém pisará por mim!

Nenhum caminho a não ser o meu!
Erros, meus erros
Acertos, meus acertos
Todos na medida do meu jeito
Todos meus, todos eus
Acusa-me de carregar meus defeitos
Como me acusaram de falar sendo gago
Como se indignaram por meu corpo magrelo ousar defender a si mesmo
Se em tudo há riscos
Que sejam meus próprios perigos

Saudades colonial

Vida desterrada seca, moço
Não se cabe mais em si
Natureza é como gente
É preciso clima apropriado para florescer
Caso contrário, seca, se acaba
Eu aqui nesse chão estrangeiro
Longe de tudo, sustento quem sou
Meu nariz é forjado em outro ar
Sem ele minha respiração é dolorosa
Meus pés, moldados em outros terrenos
Sem eles meu andar é desajeitado
Hoje mais um secou
Se acabando de comer terra
Comendo morte até morrer
Morte e vida têm a ver com terra
Terra sagrada é aquela em que a liberdade floresce
Alimentada com o sangue de nossos ancestrais
Terra aqui é venenosa, banhada a sofrimento
Saudades acaba com gente
Não há morte mais cruel que essa, moço
Morrer de deixar de ser, afogado na falta de si
Você arrancado de você à força de chibata

Assassinado de esquecer
Veja, mais uma irmã se enforca
Do seu peito escorre leite
Seus olhos presos ao dia que sua filha foi arrancada
Nunca mais foi capaz de olhar para fora da dor
Nos tratam como coisa, moço
O fazem para manter sua rotina
Tem como fazer isso com gente não
Não se tu fores gente também
O ar daqui sufoca, moço
Não tem como respirar esse cheiro de tristeza
Esse povo esquisito parece não ter nariz
Parece não ter olho, não ter peito
Não ser feito de carne, de dor, de Deus
Parece não ser feito da sua terra, do seu povo
Saudades é a falta que sentimos de nós
Somos feitos do nosso lar, da nossa gente
Eles não entendem como pode preto
Comer terra até se acabar, até morrer
É morte de saudade, de falta de si
Vida desterrada seca, moço
Aqui se sufoca de tanto respirar tristeza

Desejos

É difícil dobrar o tempo
Estou tentando, juro, mas é difícil dobrar o tempo
Foi se fazendo na rua, na casa, na escola, no trabalho, em todo lugar essa minha violência
Foi assim, mas estou tentando
Tentando mudar a rota
Mudar a rota!
Não há milagre
Há o mar, as correntes, o habitual
Eu sei que você merece mais
Espero valer-te, irmã
Valer sua inteligência, sua sensibilidade
Seu sagrado ventre
Espero valer seus beijos e carinhos
Sua dedicação, nossa descendência
Valer a coragem de Aqualtune
Valer o amor, a liberdade de Nzinga
Valer a inteligência sutil de Clementina
A precisão de Neusa Santos
Espero valer-te
Valer-te, oh, dona do tempo
Oh, senhora do mundo

Eis meu corpo, ele ainda servirá ao nosso povo
Não foi por nós que Malcolm viveu e morreu?
Não havia nossas dores e sonhos no olhar do Sr. King?
Não foi para nós o chamado do Honorável Garvey?
Espero valer esses grandes homens, minha irmã
Ser seu rei
Você, rainha
Lado a lado
Construirmos juntos nosso reino
E servirmos a causa nobre
na qual se inscreve a liberdade do nosso povo

Liberdade assistida

Seu corpo, suas regras
Sua alardeada liberdade
Quem a concedeu?
Sob quais sacrifícios?
És ativo ou omisso em relação a isso?
Uma velha questão:
És livre por conquista ou por gratidão?
Paz e amor...
Mudemos de assunto
Pergunto:
Não são os mesmos, os velhos senhores do mundo?
Netos, bisnetos dos senhores do chicote
Ainda decidem quem vive, quem morre
Fale baixo, não queremos que eles se irritem
Homens negros, não devolvam, evitem
"Sou livre! Sou livre! Sou livre!" – você grita.
Mas é você que garante com suas próprias mãos sua liberdade ou é uma liberdade assistida?
Se os bisnetos dos desgraçados colonizadores se cansarem dessa hipocrisia
Trazendo a escravidão novamente à luz do dia
Sim, porque ela está na penumbra

Veja, quais corpos descem mais à tumba?
Quais corpos penam ainda por correntes?
Quais corpos seguem psicologicamente doentes?
Banzo. Banzo. Banzo. Depressão
Corpo livre, corpo usado, descartado. Solidão
Se cansarem dessa festa da raça
Dessa quizomba
Com que armas você usará o seu "Afronta"?
Tolos!
Não para a tão patética ingenuidade que morreram gloriosos ancestrais
Não foi para você chamar silenciamento de paz
Foi para ser livre!
Livre no próprio braço, no próprio orgulho, com a própria coroa
Livre como águia, impróprio a gaiolas
Às grades, ao destino imposto
Livre no corpo, no coletivo, no gosto
A pergunta ecoa ainda na eternidade
És livre de verdade?
És tu que a garante?
Ou esqueceu do passado ultrajante?
Do belo dia de sol transformado em porão de navio
Das crianças pretas usadas pra pescar jacarés em rio
Já esqueceu? Ou nunca lembrou?
Sua liberdade alguém te deu ou você conquistou?

Aos berros

O que você quer?
Poder!
O que é poder?
Capacidade de definir
Então, o que você quer?
Definir! Definir, valorar, significar, determinar, construir, criar
Determinar sobre o espaço, sobre a hora de sono, sobre os tempos de descanso, sobre a roupa, sobre o território, sobre o bem e sobre o mal, sobretudo, sobre nossas vidas e civilização
Entendi. Mas você quer...?
Eu não quero
Nós queremos
Não sou eu que definirei
Seremos nós
Quem?
Os primeiros e os últimos
Nós, os filhos da Terra
Os descendentes diretos das primeiras mulheres
Que mulheres?
As donas do mundo
Ventres dos quais pariu-se toda a humanidade
As mulheres pretas

Elas definirão conosco.
Como foi e deverá voltar a ser!
Hum... entendi. Então...
Não há então.
Não queremos abraços, carinhos, consolos
Nem o seu consentimento.
Não se trata nem de querer.
Trata-se de poder, e nós podemos, porque temos direito.
Porque somos a maioria sobre a terra.
Os primeiros e os últimos.
Filhos da África, e exigimos.
Sagrados estamos pelo sangue honroso de nossos ancestrais.
Mas e eles?
São fracos! Muito fracos!
Depois de tudo, ainda estamos aqui.
Aqui.
Somos a maioria a caminhar sobre a terra.
Nunca puderam nem podem nos tocar, nos ferir.
Ouça-me: são fracos!
Não podem conosco.
Só nós mesmos podemos atrasar o nosso destino.
Só nós mesmos podemos nos ferir, nos adoecer.
Chega! Chega deste papo.
Faremos nosso poder sobre a terra.
Como era e como será.
Podemos! Podemos!
Um recado?
Só um.
Erga-se, Raça Poderosa!

Nossa transa

Meu anel marcou seu pescoço
Perdi o ar junto com você
Confesso que amei sentir esse poder sobre seu corpo
Claro que é um poder relativo
Você disse faz, e obedeci
Senti meu sangue ferver
Enquanto o ar ficava raro
Rarefeito, ar efeito
Palavra bonita
Seus seios mais bonitos
Uma tatuagem que nunca consegui ler
Nem decorar, apesar de já ter me dito
Sua boca é a parte que mais gosto
O lábio inferior maior
Não sei se sabes,
Mas não há tempo quando em ti tudo é tremor
É possível sentir a leveza do mundo suspenso no vazio
Tudo por um fio
Nascer e morrer tem a mesma consciência
A mesma sensação
O mesmo sentimento
Morri e vivi mil vezes na sua cama

Tudo por se acabar e renascer
O destino
O motivo
Tudo. Não é isso, pois, que é viver?
Sua unha nas minhas costas
Sua língua e a velha moral
E o bem e o mal? Tudo pequeno
Menor que nossa cama
Nesse chão alugado
Nesse país desgraçado
Nesses tempos estranhos
O que poderá nosso inimigo
Ao saber que enquanto o sol brigava com as nuvens
No fundo de um quintal
Pretos cavalgavam entre a poeira?

Vigora

O ar quente que escorre do seu interior
Agasalha minha glande
Enquanto dedilho sua vulva
Tudo se resume ao agora
Tudo vigora
E as horas pela primeira vez correm sem pressa
Minhas veias estão eletrificadas
Tenho raios nascendo em mim
E resisto ao fim
Você continua
Só há o acontecer
Enquanto lá fora toda uma correria sem sentido
Insiste em dias sem prazer
E nós
Aqui a sós
Acariciando o corpo
Sob a testemunha atenta do tempo
Que agarra as horas pelos cabelos
E a obriga a dançar ao passo da sua respiração
Ofegante, vacilante, intermitente
Entre os dentes tens minha carne
Meu sorriso paquera seus seios

Me coloco em seu meio
Anseio
Saboreio
E rogo ao tempo
Que este momento duro
Dure o eterno gosto das eras

Um beijo

A vida toda mora no beijo
Em um demorado, a saudade e a falta
Seu calor contém todo o peso da presença
Rosto colado em rosto, como fotografias
No beijo as notas daquela bela canção
Molhado de sorrisos e lágrimas
Um beijo guarda esperança e despedida
No beijo a fé da mãe que ao filho deseja a volta
Num beijo se guardou a mais vergonhosa das tradições
Por que Judas escolheu o beijo?
No beijo cabe esse nível de contradição
Amizade e traição
Quantos segundos duraram a eternidade dos lábios sobre a pele do rosto?
É em um beijo que guardo a gente
Guardo seu gosto, sua presença, nossas vidas
Com um beijo um casal diante de Deus e dos homens prometem-se a eternidade
Um beijo é declaração de alma
Conhecedoras natas das verdades humanas
As putas, em seu ofício de sobrevivência, não beijam
Como é solene marido beijando esposa antes do longo dia

Por isso proíbem o beijo dos sexos indesejáveis
Não beijem, berram nervosos!
Isso pode atiçar em mim o leão que até hoje dominei
É o que seus berros silenciam.
O beijo de fato tem esse poder
Morada única do amor
O beijo tem o poder de acordar como na literatura
Tem o poder de trazer mortos à vida

Revelações

O blues é o sangue negro tornado linguagem universal. O samba são as batidas do coração do negro. Suas variações vão entre a dor e a alegria, a saudade e o amor. Quer saber em qual frequência o coração do negro bate? Ouça samba. O jazz é a alma negra, a matéria divina com a qual os Orixás fizeram suas almas. Escute "Lamentos", de Pixinguinha, e terá uma imagem de como os nervos dos negros são feitos. Não há nada mais sensível do que o corpo negro. Por isso ele consegue, na dor aguda, criar sutilezas e belezas que fazem seus piores inimigos dobrarem os joelhos. Já viu o olhar de uma velha preta? É puro soul. Segure o músculo de um homem negro e poderá ouvir funk! O corpo negro é música negra, música pura. Negro é feito de sentimentos – talvez nisso os Yurugus tenham acertado. A voz firme de um cantor de rap, os movimentos quentes de uma mulher preta dançando são a imagem e semelhança das manifestações mais nobres da natureza. O corpo negro foi feito à imagem e semelhança dos deuses, à imagem e semelhança da Terra. Escuro como o carbono que existe em tudo. Preto como preta é a infinitude do universo. Uma criança negra tem em seu corpo toda a química e a física que tornam possíveis o universo, as estrelas, o sol. Se você não sente tocar um corpo negro quando ouve música negra, você nunca escutou música negra. A voz do Milton Santos é o abraço da minha mãe; a da Elza Soares, negros em fuga. A guitarra de B.B. King são os enterros dos heróis de Palmares; e o canto de Nina Simone, o Dr. King suspirando pela última vez. Entenda que o homem e a mulher africana são o início e o fim: o primeiro salto da natureza em humanidade; o primeiro gesto das divindades, o primeiro homem, à imagem e semelhança do universo, à imagem e semelhança de Deus. Quando ouvir blues, feche os olhos e esteja novamente no Sul dos EUA. Veja as mulheres negras manchando de sangue o branco algodão. Sinta sua dor, sua tristeza, mas também sua força, divindade em fazer do pior uma arte universal.

O dia

No dia em que eu chorar versos
Todos vão saber
Haverá nuvens carregadas das melodias do Pixinguinha
Aos sons dos versos de amor do Djavan
Eu me derramarei sobre esta cidade suja
No dia em que eu chorar versos
Molharei os corpos com Milton Nascimento
Haverá poças de Cartolas por aí
Vejam!
Todos terão que sair de casa e lavar a alma
Os ventos em forma de Elza Soares carregarão toda a mediocridade
No dia em que eu chorar versos
Tudo estará lavado, renovado, limpo
Crescerá amor pelas calçadas
Liberdade subirá os muros, verdinha, verdinha
Os rios vão correr poemas de Dona Ivone Lara
Depois que eu me desabar sobre vós
Haverá um arco-íris no formato do Emílio Santiago e Luiz Melodia
Os raios solares serão o dedilhado do Baden Powell
Toda a vida estará salva
No dia em que eu chorar versos
Nenhuma TV velha fará a previsão

Só os índios saberão, só as velhas pretas saberão
Colocarão a mesa de café na rua, pois sabem que será dia de se lavar

Gotas de sol sobre a terra:
um canto de amor

Antes mesmo de qualquer animal andar sobre a terra, o Sol se apaixonou pela Lua, mas o Criador com medo de que o amor os fizesse displicentes com suas valiosas tarefas, permitiu que o Tempo arquitetasse o dia e a noite, para que ambos só se vissem brevemente durante a Tarde, ou nos raros momentos de Eclipse Solar. Não podendo suportar a saudade, e em um desses momentos raros, o Sol e a Lua se abandonaram ao amor. A eternidade dos poucos minutos, como bem sabe dizer os poetas. Dias nublados, e o Sol e a Lua ficavam dias sem se contemplar. Os outros deuses e deusas eram unânimes em elogiar o Criador da beleza estonteante do Sol, do seu brilho, do seu calor, da sua força e da sua grandiosidade, deixando a Lua encabulada, que começou a minguar. Sobre ela pairavam só histórias tenebrosas. Vendo o sofrimento de sua amada, e tentando lidar com o fato de que o seu nascer fazia com que o reino escuro da Lua se afastasse, o sol resolveu se expandir em pequenas gotas que ganharam vida sobre a terra. Eram aqueles que hoje conhecemos como povo preto. O que só os poetas mais sensíveis, os cientistas mais atentos e os bruxos mais antigos sabem é que a melanina é a declaração de amor do Sol para a Lua. Esta assim soube que as pessoas escuras como a noite são gotas de sol que andam enfeitando de amor a Terra. O Sol, ao escrever versos de amor em forma de melanina, faz lembrar a Lua que, apesar de seu nascimento dissipar a escuridão, sua Luz na forma de melanina escurece, ao invés de clarear. É na pele do povo preto que a Lua e o Sol se amam, se eternizam, se encontram. Ninguém me contou. Eu sei porque vi. Numa noite azulada eu adormeci e vi. Contemplei uma linda Rainha Negra adornada com o brilho do Sol, trazendo o luar nos olhos.

Descanse em mim

Deite aqui seu corpo cansado
Para o seu conforto, as minhas curvas
Deixe aqui o cansaço do mundo
Suas constantes lutas
Sou seu repouso e refúgio
Seu irmão, nos dias de angústia
Encoste aqui seu pensar triste
Meu ombro, desde o início dos tempos, foi preparado para ti, minha rainha.
Nossos corpos pretos massacrados pelo mesmo *devir* inimigo
Superarão juntos essa Maafa.
Vejo seus olhos, minha irmã
São como os meus
Minhas mãos trabalharão por ti
E pelo nosso povo
Meus pés caminharão por ti
E pelo nosso povo
Como está escrito na imensidão escura do universo
Como está vívido na presença contínua dos nossos ancestrais
Acalma-te, rainha!
Nosso amor é nosso reino
Murado como Zimbábue

Testado pelo fogo contínuo do inimigo
Oh, minha irmã.
Cumpramos juntos nosso dever
Mantenhamos vivo nosso sangue
O mesmo derramado em Palmares!
Nosso amor é amor de passados e futuros
Nosso amor, nascido na guerra
Guarda em segredo a nossa paz
Durma tranquila, minha rainha africana
Meu colo é feito da mesma chama que o colo dos seus pais
Meu corpo, do mesmo ouro que banhava o corpo de sua bisavó
Das mesmas lágrimas, dos mesmos sorrisos
Da mesma coragem dos seus ancestrais
Nosso corpo é feito da mesma matéria
Da força poderosa de Xangô
Contornada pela sutileza sábia de Oxum

Eu vi Marielle

Linda irmã, te vi na Tempestade
Nos braços furiosos de sua Mãe
Fostes viver lá a nossa luta
As águas desabaram sobre essa Maafa
Os raios romperam furiosos no céu
Sem dormir por pensar em ti
Te vi na Tempestade
Onde Garvey também está
Povo preto não morre, encanta
Encantada continuará a nossa luta justa
Seu corpo tombou pela mesma ação covarde
Que tanto seu corpo denunciou
"A cada 23 minutos um preto morre nessa desgraça"
23 minutos, 23 minutos, 23...
Ah, irmã, você é uma rainha
A brilhar ao lado de Nzinga e Neusa Santos
Você não é favelada como querem nos fazer crer
Esta senzala moderna não define nossa identidade
A desgraça na qual fomos jogados a sobreviver não é quem somos
A desgraça não produz cultura, não produz beleza nem cria
Nós criamos, pois somos divinos
Criamos até na desgraça

Criamos até na favela que vocês, desgraçados, nos jogam!
Até no inferno você foi capaz de amar, libertar, criar, ousar,
Superar, continuar, conscientizar, dançar, viver, vencer e resistir
Obrigado, filha de Oyá
Seu triste destino, semelhante ao de milhares de irmãos nossos
Não nos convidará à desistência
Sua vida toda dedicada à resistência e à luta
Nos inspira a continuar
Que nossa vida valha a sua e a de tantos corpos de irmãos e irmãs
Que se dedicaram a trazer novamente a Justiça para a Terra.
Saibam todos que te vi na Tempestade
Saibam todos que ou se faz justiça ao povo que pariu o mundo
Ou não há paz, nem sanidade, nem liberdade
Eu te vi na Tempestade, irmã
Senti sua força e fúria
Como tempestade lutará conosco
Eu sei, te vi
Um só povo, um só destino
Até, doce irmã
Até...

Poesia escrita no calor da notícia sobre o assassinato ignóbil de Marielle Franco. Nunca, jamais a esqueceremos.

Maré

O Mar é feito de tiros que caem de Helicóptero-nuvem
Sobre nossas cabeças
Sobre nossas crianças
Sobre nossas esperanças
Cumprindo promessa
Foi na TV que disseram que viriam
O Mar é um dia após o outro
Um corpo em cima do outro
Feito de sangue e desespero
Feito de interrupções
Caveirões
Feito de dinheiro
Navio Negreiro
Feito de lindas tardes em Paris
Carros luxuosos e joias suíças
Não há dignidade nos novos suicidas
Nessa nova travessia
Sem que ninguém ouça suplício
Seguimos na correria
Até que chegue a nossa hora
De alimentar a fome da boa Cidade
Com os mesmos corpos

As mesmas cores
Com os mesmos atiradores
Velhos chicoteadores
Promessa cumprida
Chegaram cedo os ceifadores de vida
O mar é tormenta.

Oração

Oh, Senhor Deus dos Desgraçados
Dê-me um coração orgulhoso
Retire de mim cada filigrana de amor ao inimigo
Ele não é um homem, é um monstro
Não tem coração, nem ética, nem honra
Oh, Senhor Deus dos Desgraçados
Dê-me um coração orgulhoso
Ensine-me a odiar aqueles que nos odeiam
Os que riem enquanto metralham crianças
Eles não têm alma, amor, coragem, honra
Eles não são homens, são monstros
Oh, Senhor Deus dos Desgraçados!
Na lágrima cruel de cada rosto inocente, renasço, enfim livre
Um homem livre não ama quem lhe impõe a escravidão
Um homem livre não ama quem estupra suas mulheres
Um homem livre não ama quem espanca seus idosos
Um homem livre não ama quem rasga suas crianças
Não se junta a quem silencia diante do horror!
Oh, Senhor Deus dos Desgraçados
Dê-me o ódio necessário pra ser livre
Dê-me o amor aos meus necessário pra ser homem
Eles não são homens, são máquinas comedoras de gente

São barrigas viciadas em ouro
São vampiros sedentos de nosso sangue
São demônios.
Oh, Senhor Deus dos Desgraçados
Livra-me da escravidão mental que me ensinou a virar a outra face
e a amar quem me odeia
Eles metralham crianças
Não são homens, são monstros
Oh, Senhor Deus dos Desgraçados, liberte-me!

Poesia escrita à força de mais uma notícia de uma criança preta varada por balas...

Racismo religioso em nome de Deus

O verbo encarnou-se
Os porões fétidos foram sua testemunha
O verbo atravessado pela ciência dos homens
Cortou crânios, secou úteros, organizou lavouras
O verbo penetrou corpos nus à força
O verbo perfurou costas, as fez suar
O verbo esvaziou o tempo, orquestrou martírio
O verbo deu a cadência das mortes
O verbo civilizou mentes e corações
O verbo cobriu de roupa, de modos, de culpa
O verbo fez-se brasa, e sob esse fogo curvaram-se reinos
Joelhos dobraram-se ao verbo feito poder
Poder de arma, de arma de fogo estourando miolos
O verbo é eco de morte a ecoar no tempo
O verbo é o poder quando encarna
O verbo está vivo
Presídio lotado é verbo
Favela é verbo
Corpos pretos tombados ao sol é verbo
Sua arma dizendo quebra, quebra, quebra é verbo
Verbo em forma de arma
Arma apontada na minha cabeça

Cuspindo seu fogo sagrado
Arrependa-se, diabo!
Diabo-crianças servidas a jacarés
Diabo-meninas apedrejadas
Diabo-mulheres sendo estupradas
Diabo-África, diabo-preto
Diabo-homem-preto morto a cada 23 minutos
Diabo-homem-preto pendurado em árvores
Verbo vem nos evangelizar
O que somos é o alimento do seu sacrifício
Evangelizar, salvar, civilizar, educar, escravizar
Hierarquizar, matar, estuprar, quebrar, espancar
Amaldiçoar, destroçar, cristianizar, ocidentalizar
Embranquecer, embranquecer, embranquecer
O verbo se fez carne
Essa carne segurou armas
Essas armas acertaram balas na minha cabeça
O verbo renasce onde não mais existo.

Conivência

Há um genocídio em Marcha
Não ouviram falar?
Em suas igrejas, mecas e terreiros, nada se disse?
Nenhum anjo lhe trouxe a notícia?
Nada ouviu de seus tambores?
Ao menos sabe, pela força da mídia, que a cada ano caem 365 aviões no Brasil?
Todo dia um avião cai
Como vocês não sabem?
Esse espetáculo grotesco não é silencioso
Como vocês não sabem?
Nesses aviões só tem jovens
Não chegam aos 30 anos
Como vocês não sabem?
77% desses passageiros são negros
Como seus líderes religiosos não sabem?
Como ninguém lhe trouxe essa notícia?
Quantas passeatas nacionais fizeram?
Quantas orações você dedicou?
Seus surdos! Cegos! Mudos!
Não acredito em seus deuses amorosos
Entregues à própria vaidade mesquinha

Seus deuses são a sua imagem e semelhança!
Como você, eles não ficaram sabendo?
Todo ano e só cresce!
Quantos rios com esse tanto de sangue?
Quantas catedrais com esse tanto de gente?
Seus reis, líderes, professores, intelectuais, celebridades
Todos cegos, surdos, mudos!
Todos!
Se não é assim, então todos sabem
Todos seus líderes, reis, profetas, intelectuais, cantoras, escritores, poetas
Se sabem, por que não fazem nada?
Há um genocídio em Marcha
Em que se morre mais do que as guerras espetaculares
Há um genocídio em Marcha em que 77% são pretos
Há um genocídio em Marcha
Se você não sabia, agora você sabe!

À flor de qual pele?

À flor da pele é o que mais queria
Sentir como novidade este meu dia a dia
Rememorar
Reviver
Sentir como exercício de memória
Esta minha vida a acontecer
Foi ruim, mas pior é a eterna presença
A liberdade sempre suspensa
Velho? Novo? Para nós, é sempre agora
AI-5 nunca foi lição de história
Tua página virou, e você teve tempo de terapia
Esse teu FIM aqui nunca fez correria
Pega a visão!
Teu horror é o nosso play
Eu sei. Eu sei
Frase bonita eu também decorei
Nunca se teve tempo pra conspiração
Quando a respiração é motivo de prisão
Suando... preto?
Deve tá devendo!
Vai vendo...
Chamam noite o que pra nós é sol amanhecendo

"Teve um momento sombrio, fique ligado!
Nessa época foi-se culpado antes de se provar o contrário"
Rimos dessa sua grande novidade
Do meu tataravô ao meu filho, qual outra verdade?
Não nego a dor dos anos em que te chegou a tortura
Só que nossas lágrimas se foram nos anos de escravatura
Teu poeta, teu filho, teu exílio
Minha tataravó, meu pai, meu primo, minha mãe, meu filho
O filho do meu filho, meu sobrinho, o primo recém-nascido
Aqui é cotidiano o que você chama de ocorrido
A flor da pele? Pergunto qual?
Não teve redemocratização aqui no meu quintal
O horror que agora de susto te mata
É o deserto no qual sobrevive a flor da pele preta mais barata

Carta de amor que ainda não escrevi

Quando o cometa cortou o céu onde eu estava, houve um incêndio que cobriu tudo de fumaça escura. No ano em que a Lua se agigantou, onde eu estava havia muita nuvem. Quando todos foram à praia, eu fiquei na hora extra. Quando o amigo cozinheiro, enfim, ofereceu um jantar, eu precisei ficar de dieta por conta de um exame. Foi assim no Eclipse, foi assim quando dormia e passou o cardume que há meses esperava. A tudo isso sou grato. A todas as horas grandiosas que perdi até aqui. Até esse dia. Até o dia que não houve nuvem, fumaça, dever, nem houve nada que me impedisse de te ver. Quantos cardumes perderia se a rede vazia e triste me impelisse ao caminho mais longo que me levou a você? Jogaria a rede mil vezes no lado errado, puxando água e pedra. Quem acha que a felicidade é a soma positiva de momentos felizes e tristes nunca entenderá meus olhos, pois não há azar ou sorte que somados valham essa alegria. A lua nem tá cheia, no céu nada além de escuridão, na dieta nada além de ovo, mas o que me importa? Um reino não se faz de grandeza; se faz de rei e rainha. Minha vida, soma feliz de tudo que perdi, engravidou deste dia, deste achado.

Enquanto chove...

Se a chuva soubesse o que passa aqui dentro
Continuaria chovendo para você ficar mais um pouco
Compondo a linda cena
Enquanto Djavan enche o vazio
Se a chuva soubesse o que passa cá dentro
Teria relâmpago na hora que puxei seu cabelo
Quando você, desfalecida, trovejou no quarto
Chegaria de mansinho e sem desespero
Se ela soubesse, entraria devagar pela janela
Molhando aquela parte que é dela
Mas que gentilmente me oferece
Dando-me de tocar, de lamber, de amar
De chupar, de morder, de gozar
Se a chuva soubesse o que passa aqui dentro
Viria sempre assim junto com frio, junto com cio
Junto das noites que você está dentro de mim
Viria com lua cheia vista pela nossa janela aberta
Viria assim na hora certa em que já está aqui
Se a chuva soubesse, mudava de nome
Deixaria de ser chuva e seria seu homem
Para nascer no céu que existe dentro de ti

O que foi?

Foi amor ou egoísmo quando segurou meu braço
E não deixou que fosse?
Foi amor ou egoísmo que gerou aquele poema lindo?
Era saudade ou posse aquela ligação despretensiosa?
Era vontade ou medo aquela transa calorosa?
Era tesão ou desespero aquela surpresa no meu trabalho?
O que te fez mudar de postura?
Meu bom-dia ou meu adeus?
O hábito é escada que se desce degrau por degrau.
Continuamos os mesmos, e sou eu mesmo que vou
Vou sofrer em outros braços, olhar outros desesperos
Repetir a dose, os altos e baixos
Ir atrás de novas mentiras, de novos timbres e beijos
Eis essa cama, eis nossa última vez
De certo, alguma vez nos amamos?
Mas que tolice a minha, tivemos momentos incríveis.
No entanto, agora eu vou. Eu mesmo que vou
Vou com meu desespero, meu egoísmo, meu medo
Porém, agora sem dúvidas.

Desertando

Como podem falar tanto em amor?
Que descabimento!
Não sabem esses tolos o que houve com o menino Romeu?
Não havia beleza alguma na morte tola de Julieta.
Não havia poesia naqueles corpos frios e tristes.
Não havia poesia! Ouçam-me, seus tolos!
O amor é sempre um suicídio.
Não sabem, criaturas bobas, o que houve com o Nazareno?
Aonde o amor o levou? Chicote dói, dói, dói.
"Não há nada mais bonito que o amor" – sagrada tolice!
Não foi por amor que Che viveu como pulga na mata?
Amor fez Hemingway estourar os miolos.
Amor fez séculos de Werther.
Ouçam-me: S-É-C-U-L-O-S!
Não são só as cartas de amor que são ridículas
Por acaso esqueceram Van Gogh e sua orelha?
Como podem falar tanto em amor?
Que descabimento!

Matéria

Tagarelas sobre alma, espírito e outros ventos?
Já deitou olhar em dois corpos juntos?
Unha feita lanhando costas
Panturrilha a escalar as coxas lentamente
Lábios grossos a esquentar nuca
Deite os olhos no encantador poder das mãos
A escorrer amor sobre os peitos
Nada mais mágico quando língua chama língua para dançar
Olho procurando olho e achando virilhas
Olho procurando olho e encontrando cintura
Saiba que suor de corpo é corpo feito lágrima de amor
Saiba que gozar é lágrima de felicidade
Já deitou olhar sobre os corpos em movimento de amor?
Ato nobre a sustentar a continuação da vida
Já deitou ouvido aos barulhos do corpo em transe?
Em transe de amor, de lágrimas, de suor
Não estou aqui pra maldizer a alma
Mas nada como o cheiro invadindo as narinas
Nada como seu corpo pesando sobre o meu
Nada como esse pé, subindo minhas pernas
Nada como minha boca casada na sua.

Quando...

Quando o meu tempo começar a esmorecer
Quando os minutos perderem a velocidade dos afazeres sem fim
As horas pesarem sobre meus ossos velhos
Eu procurarei a velocidade do seu coração
Será minha última forma de acelerar
Quando os dias carregarem você pelos braços
Sonharei levado pelo embalo do seu sorriso tímido, cheio de preguiça
Quando os dias forem lentos como seu amanhecer
Quando o sol deixar de queimar minha pele, e o café, meus lábios
Eu lembrarei nossos olhos se olhando
Respirarei lento em uma varanda qualquer
Em um dia qualquer
Sob um céu qualquer
Num dia em que a saudades será tudo
Você será tudo
Eu serei só feito de nós
E aí minha vida, triste, andará, enfim, no ritmo que você sempre sonhou
Próximo o bastante do seu abraço e medo

Perto do fim

Nessas tantas vidas possíveis
Reservadas nas próximas curvas
Esbarrei em ti
Hoje trago seu cheiro comigo
E mais tantos risos
Que não havemos de viver
Outras curvas
Solavancos e cotovelos
Outros cheiros
Mas essa saudade insiste
Ao lembrar-me de um riso
Sem motivo e pra que
Sem você

Mpbeniando

É preciso passear na alma doce de Gonzaguinha
Parar na esquina, sentir o vento de seus versos
É preciso mergulhar na vida do Cartola
Brincar de segurar o ar na sua poesia
Ser criança no balanço de Tim Maia
Fazer piquenique na grama do Djavan
Rolar na sua música, deitar na sua voz
É urgente fazer Pixinguinha de cama
Deitar a vida na melodia dessa eternidade
É preciso ter Gonzagão nos nervos
Ter samba nas veias, manter ao som do tambor o fluxo de sangue do coração
Não ache minhas lágrimas ruins
São o timbre da Elza Soares cantando "Meu Guri"
Hoje eu ri a coragem infantil da Elis
É preciso rir Elis, rir Caetano, rir Jorge Ben
Meu corpo balançou Fundo de Quintal
Entenda, a vida é boa, é tamanha, é tanta
É a cadência sincopada do samba

Jeri

Meus olhos dançaram contigo
E eu, que sem abrigo
Dei-me a contornar o caos
Num ano de muita canseira,
Com muita maré e pouco remo
Mas aqui me espremo
Entre a lagoa do paraíso e o bar do Tadeu
Noite boa é no breu
Fazendo chover um céu de estrela
A sensação é que nasci para vê-la
Jeri
Aqui
Retomo a esperança
O sol, o povo, a dança
De um Brasil que voltará a sorrir

Em Jericoacoara, dias antes de acontecer as eleições presidenciais de 2022.

Da amizade

Das lindas coisas que se tem notícia
Do mar, das aves e do bicho-preguiça
Sem amizade do que valeria?
Das boas coisas que se tem na vida
Comida, festa, sol e alegria
Sem amizade que graça teria?
Amigo é quem tempera o viver
É a melodia que transforma o ruído em som
É o alicerce que nos ajuda a ser
A resposta mais valiosa pro que temos de bom
A ti, meu amigo, eu ergo essa taça
E agradeço aos ancestrais, pois no meio da massa
Me trouxe você
A ti, meu amigo, minhas palmas
E com toda minha alma
Amo você

Não é que vem "Elis"

Os Ibejis
Bonitos, pretos, Valentins
Já chegam ungidos pelos ancestrais
Sendo herdeiros de pirâmides e tudo mais
Mamãe, Papai e a "tiarada"
Já ergueram ao tempo a oferenda
Dois meninos pretos, escuros
Como Malcolm, Abdias e o futuro
Eu lhes asseguro
De cá batalharemos duro
Para que o mundo possa lhes receber
Peguem a visão e podem crer
Já estão prontas a festa e a brincadeira
A rua, os livros, a escola e a zoeira
Pois floresceu a videira
E nenhum amor ficará para depois
Saudemos que nós viramos nós mais dois

Poesia em detrimento do nascimento dos gêmeos Akin Nundes de Almeida Valentim e Malik Nundes de Almeida Valentim, filhos do meu querido irmão Marco Luca Valentim e Elis Regina

Insistir em nós

Quem nega relega ao fim a própria presença
Assumindo para si a sentença
Dos nossos algozes
Quem não ama desama assim a forma
Deforma a obra do criador
Que nos fez cor
Qual a cor da terra e do luar
O nosso amor é resistência
O crime de lá não compensa
Veja aí as nossas crias
Renovando a esperança da nossa vitória
Guardando o amor na mais funda saudade
O tempo não foi capaz de separar
E o capataz que cantou vitória
Perdeu por não esperar
Que o amor?
O nosso amor é fogo ancestral
Sabor de Quintal que nunca vai se acabar
Te amo, preta.
Amo cada detalhe
Sua grande curva
Contorna as marés

O nosso futuro será soberano
Não me abandone
Que não te abandono

Sou

A palavra a cortar o espaço do tempo
Eu mesmo: a charada sincopada pelo tambor
O próprio tambor fazendo-se dizer
Sou o oposto daquilo que sua preguiça tenta prender
Sou escapamento, pura incontinência.
Sou o riso das coisas vivas e livres
Brinco na seriedade das guerras
Sou lei a imperar a ordem da vida
Sou o plantio das tuas mãos
O reflexo dos teus gestos
Sou a boca do mundo, o ato de aparecer, sair de si
Quem sabe a magia de ver no escuro
Os segredos da arte de cegar com luz
Estive lá no início
Em mim o sagrado começa
Reverência exijo diante de mim
Me mostro ao contrário
E faço você ver o que esquece
Fui Diabo quando por ele prenderam, no medo, meus filhos
Voltei pior pra assustar os algozes cruéis
Pintei-me à maneira do medo
Pra encorajar meus filhos

Sou o ato nobre da resistência do meu povo
Sou o contrário, aquilo que escapa a sua arrogância
Fiz a cuca reter eternidades quando o chicote comunicou exigência de esquecimentos
Fiz povo simples erguer reinos poderosos na terra dos inimigos
Fiz palavra ancestral ficar na boca, no gesto, na comida, na roupa, no turbante
Fiz o ontem passear no mar
Fiz futuro onde não existia presente
Reverência a mim, nervo da liberdade
Nem castigo nem afago, posto que justiça
Na arrogância dos homens, fiz fraco vencer forte
Fiz sábio depender sobrevivência do humilde
Sou eu mesmo, exijo reverência
Já sabe quem sou?
Sou eu a comunicação do mundo
A língua arrancada do tagarela

Cartas de amor para quando amar

O amor é verbo, é movimento de libertação. Só se ama um corpo livre, que realiza a si mesmo. É na realização do cuidado de tudo que faz o outro ele mesmo que se constitui o verdadeiro amor. Você se apaixona é pela diferença, pelo que destoa no amado, o que a faz única, seu jeito único de falar seu nome, de caminhar, de se irritar, de gargalhar, suas cicatrizes únicas, seus defeitos únicos, seu jeito único de carinhar seu corpo. Agora, quais caminhos percorremos na vida até que vamos nos tornando quem somos? Nos tornando essa diferença que nos faz únicos? Várias estruturas e violências vão nos afastando de quem somos, da realização da nossa existência com plenitude. Amar significa também se ocupar dessas estruturas que, em existindo, impedem quem a gente ama de realizar a si mesmo, de ser livre, de ser ele ou ela em plenitude de ser. Por isso que amar um corpo negro só é possível se, dentro do verbo amar, há o verbo lutar. Só ama quem luta contra todas as estruturas que entristecem, tornam impotentes, agridem, matam, violentam, apequenam o corpo negro. Não tem como amar um corpo impedido de ser. Se você se relaciona com um corpo negro e não luta contra o racismo, você não ama este corpo, e sim o usa, pois o amor só é possível na liberdade, só é possível se apaixonar pela plena realização do outro em seu jeito único de ser.

Eu te amo, e por isso luto!

No pé do seu ouvido

Caro leitor, nós temos em nós o suficiente para transformar o mundo. Compartilhamos com tudo que há. Cada átomo partilhado com as estrelas, o profundo oceano, a lonjura das galáxias. Tudo que há habita em nosso interior. O que pode a nossa imaginação? Qual o nosso limite? Não é a História feita por homens e mulheres? Não somos nós nascidos de homens e mulheres? Estamos prontos. Temos em nós o suficiente. Então, vá. Feche este livro e vá fazer acontecer a sua novidade. Não existe ninguém igual a ti em todo o universo, nem ontem nem amanhã. O que poderá essa novidade? Eu quero ver. Eu quero sentir. Eu quero ler. Vamos. Mostre-nos o que você pode fazer nascer, pois há em você o suficiente para transformar o mundo. E Deus sabe bem como este mundo precisa ser transformado...

Se fosse Deus

Se eu fosse Deus? Faria tudo num dia só. Milton Nascimento eu criaria primeiro. Da sua música faria nascer os rios. Depois, obviamente, traria à vida Elza Soares. Não a criaria, pois desde o momento em que houvesse canção de criação, ela já estaria lá cuidando de tudo com sua força e luz. Djavan estaria lá habitando o infinito, misturado com Jovelina. Ah, se eu fosse Deus, seria sempre domingo. Sol, comida, crianças correndo, samba. Se eu fosse Deus, o menino que às vezes se lembra menino abandonaria o fuzil pela pipa como milagres de oração de mãe. Se eu fosse Deus, iria gerar todos no ventre de Marielle, ou Dandara, ou Emília, minha avó. O mundo inteiro sendo cozinhado na eternidade de amor do corpo da mulher negra. Se eu fosse Deus, chuva só misturada ao sol, para pintar o céu com cores infinitas, mostrando sempre que todo amor é sagrado. As crianças com seus sorrisos movimentariam as nuvens. Eu daria o comando do mundo para as mulheres, pois elas sabem. Não sei se o mundo daria certo ou se arrependido entregaria tudo aos homens sem amor, mas se eu fosse Deus e tivesse criado o mundo, não haveria na alma espaço pra saudades nem lágrimas injustas.

Acorda

Acorda, negro, não ouves o burburinho?
Acorda, negro, dizem que chegou ao fim
Acorda, negro, o branco lhe deu a mão
Acorda, negro, é o fim da abolição
Acordar?
De onde tiraste isso, piedoso carrasco?
Como deitar as costas nesse chão ingrato?
Só se deita e dorme um corpo livre
Carne rasgada a chicote não descansa, sofre.
Nunca houve dormida com irmão no tronco.
Enfiaste teu pau à força na minha criança
E me vens falar de sono?
De onde tiraste essas porras, branco filho da puta?
Acordar é para quem dormiu.
Há gritos de dor que o silêncio da noite traz à tona.
É preciso ter carne sã, carne própria para ter sono
É preciso ter alma, espírito ancestral para ter dormida.
Aqui sempre se esteve acordado
Por acaso a mulher negra dorme ao som de tiro?
Dorme quando seu filho sai à rua, mulher negra?
Por acaso o fuzil ainda não sangra a velha carne?
Que porra é essa de acordar e abolição?

De onde tiraste essas porras, branco filho da puta?
Abolição? Esvaziaram o seu significado
Liberdade é corpo negro livre
Só nascerá do negro em luta!!!

Aos ancestrais

Aos ancestrais eu devo tudo
Devo o corpo sem marca que carrego
O punho sem marca de corrente
Os pés livres pra sambar, dançar, correr
Aos ancestrais devo minha barriga cheia
Meu copo cheio, meu sorriso
Devo meu cabelo grande, solto, preto
Devo esta noite, este samba.
Devo essa minha família imensa
Com o domingo de mesa farta
Devo cada manhã tranquila
Cada sol sentido na praia
Aos ancestrais eu devo tudo
O sangue que foi derramado é a seiva em que minha vida pulsa
A coragem deles é o chão em que piso
A eles devo cada amigo que tenho
Cada poesia que ouço, cada canto da Elza Soares
Salve, meus ancestrais. Salve
Minha vida é um canto de agradecimento
Àqueles que venceram a morte para que hoje eu possa ser livre
Agô, meu povo, Agô, mais velhos
A bênção, a bênção, a bênção

Esta obra foi composta em Arno pro light 13, e impressa na gráfica PSI7, em junho de 2023, em São Paulo, para a Editora Malê.